Kartoffelsalat

mal anders genießen

Elisabeth Bangert

Kartoffelsalat

mal anders genießen

EDITION XXL

Vorwort

Wenn man bedenkt, dass das Nachtschattengewächs schon vor rund 500 Jahren nach Europa kam und bis zum 17. Jahrhundert eher von Botanikern geschätzt wurde als von Feinschmeckern, ist es umso erstaunlicher, dass man sich heute bei uns eine Mahlzeit ohne Kartoffeln fast nicht mehr vorstellen kann. Und so gibt es natürlich auch unzählige Salat-Variationen aus der tollen Knolle.

Wer mag ihn nicht, den Kartoffelsalat? Bei der Geburtstagsfeier, der Silvesterparty oder einfach nur, wenn Freunde kommen, darf er nicht fehlen, als Beilage oder als Hauptgericht zu gegrilltem Fleisch, zu Würstchen oder auch Fisch. Er lässt sich gut vorbereiten und ist ein Tausendsassa mit seinen Kombinationsmöglichkeiten. Je nach Geschmack kann Kartoffelsalat von einem preiswerten Gericht in eine Delikatesse verwandelt werden.

Verblüffen Sie Ihre Familie oder Ihre Gäste durch Variationen mit Früchten, Gemüse, Fleisch oder Fisch oder warum nicht auch einmal mit Soße? Sie müssen nur ausprobieren, welche Kombinationen Ihnen am besten schmecken.

Für Kinder ist Kartoffelsalat oft langweilig. Mit lustigen Eiern oder Radieschen dekoriert oder mit Fischstäbchen macht er die Geburtstagsparty zum Erfolg.

Verwenden Sie nur frische Zutaten, dann können Sie Ihren Kartoffelsalat auch am nächsten Tag noch problemlos genießen. In vielen Fällen schmeckt er sogar noch besser, weil er gut durchgezogen ist. Man muss ihn vielleicht nur noch einmal nachwürzen.

Ob Sie nun frisch gekochte oder übrig gebliebene Pellkartoffeln, geschält und in Scheiben geschnitten, mit den Zutaten Ihrer Wahl kombiniert verwenden: Kartoffelsalat ist immer schnell und einfach zubereitet.

Viel Spaß beim Ausprobieren wünscht Ihnen

Ihre Elisabeth Bangert.

Kleiner Ratgeber

Mittlerweile verspeist jeder Deutsche rund 70 Kilo Kartoffeln pro Jahr. Manche essen sie lieber als Chips, während die anderen sie gekocht bevorzugen. Egal, welche Prioritäten man setzt, auf jeden Fall kann man unter 160 verschiedenen Sorten wählen. Ganz oben stehen fest kochende Sorten wie beispielsweise Cilena, Linda, Nicola oder Siglinde, die man auch für Kartoffelsalat verwendet.

Speisekartoffeln werden in drei Kochtypen eingeteilt: fest kochend, vorwiegend fest kochend und mehlig kochend.

Die Bezeichnung „Zitrone des Nordens" lässt es schon erahnen: Die Kartoffel enthält bedeutend viel Vitamin C. So decken beispielsweise zwei bis drei mittelgroße Kartoffeln bereits zwei Drittel des täglichen Gesamtbedarfs an diesem Vitamin. Beachtlich sind auch die Anteile an Magnesium, Kupfer, Eisen und Mangan sowie Calcium, Phosphor, Niacin, Pantothensäure und Vitaminen der B-Gruppe.

Die vorhandenen Ballaststoffe sind ebenfalls gut für unseren Körper, besonders hoch ist der Anteil, wenn die Knolle mit Schale verzehrt wird. Alles in allem besitzt die Kartoffel Bestandteile, die wir bei einer zeitgemäßen Ernährung schätzen sollten.

Tipps und Tricks

Beim Kartoffelkauf sollte man darauf achten, dass die Schale keine grünen oder gar braunen Flecken aufweist. Grüne Stellen immer wegschneiden, sie enthalten das giftige Solanin, das Übelkeit und Bauchschmerzen verursachen kann. Im Winter gilt besondere Vorsicht, denn bei Minusgraden sollten Sie Kartoffeln, die im Freien liegen, nicht kaufen. Kartoffeln, die Frost abbekommen haben, werden beim Kochen glasig und schmecken süßlich.

Kartoffelsalat schmeckt am besten, wenn er schön saftig ist, deshalb sollte man nicht mit Flüssigkeit geizen. Egal, für welche Art der Zubereitung Sie sich entschieden haben, es ist immer möglich, die frisch geschnittenen Kartoffeln mit einer Gemüse- oder Fleischbrühe zu übergießen und diese einziehen zu lassen.

Ein frisches Eigelb, mit Salz und Pfeffer gewürzt und zu den frisch geschnittenen Kartoffelscheiben gegeben, verhindert, dass sie zusammenkleben, und ergibt dazu noch einen würzigen Geschmack.

Wird Gebratenes unter den Kartoffelsalat gemischt, sollte man zum Braten Öl nehmen. Fett erhärtet beim Erkalten und der Kartoffelsalat wird „pappig". Mit Öl bleibt der Kartoffelsalat jedoch schön glänzend.

„Morgens rund,
mittags gestampft,
abends in Scheiben,
dabei soll's bleiben."

Johann Wolfgang von Goethe

Abkürzungen
EL = Esslöffel
TL = Teelöffel
ml = Milliliter
g = Gramm
l = Liter
TK = Tiefkühlprodukt

Bei neuen Kartoffeln sollte man die dünne Schale nicht abziehen. Die Kartoffeln gut reinigen, am besten mit einer Bürste, kochen und mit der Schale verzehren. Wenn Sie beim Kochen von neuen Kartoffeln etwas Kümmel hinzufügen, werden diese bekömmlicher.

Zeit gewinnt man, wenn man die Kartoffeln schält, schneidet und die Scheiben dann im kochenden Salzwasser gart.

Vorgekochte Kartoffeln bleiben im Kühlschrank gut ein bis zwei Tage haltbar. Danach in Scheiben geschnitten und mit heißer Brühe übergossen schmecken sie wie frisch gekocht. Sie haben zudem den Vorteil, dass sie nicht zerfallen.

Das folgende Grundrezept für Kartoffelsalat mit Frühlingszwiebeln ist eine Basis für unglaublich viele Variationen:

Grundrezept

Für 4 Personen:

500 g fest kochende Kartoffeln
1 TL Salz
100 ml Gemüsebrühe
3 Frühlingszwiebeln

Für die Marinade:

2 EL Essig
2 EL Öl
2 TL Senf
1 Eigelb
Salz
Pfeffer

Zubereitung:

1. Die Kartoffeln waschen und mit 1 TL Salz ca. 20 Minuten garen. Danach abgießen, kalt abschrecken, schälen und in Scheiben geschnitten in eine Schüssel geben. Währenddessen die Gemüsebrühe erhitzen, sofort über die Kartoffelscheiben gießen und gut einziehen lassen.

2. Zwischenzeitlich die Frühlingszwiebeln putzen, waschen und in Ringe schneiden, zu den Kartoffeln geben und unterheben.

3. Aus dem Essig, dem Öl, dem Senf, dem Eigelb sowie Salz und Pfeffer eine Marinade rühren, über den Salat gießen und alles gut miteinander vermischen. Das Ganze gut eine Stunde durchziehen lassen, noch einmal abschmecken und servieren.

Eier-Kartoffelsalat

Zutaten: (für 2–4 Personen)

250 g fest kochende Kartoffeln
1 TL Salz
2 kleine Tomaten
2 Frühlingszwiebeln
2 Eier
2 Dillzweige zum Garnieren

Für die Marinade:
2 EL Weißweinessig
2 EL Olivenöl
Salz
Pfeffer
1 Knoblauchzehe

Zubereitung:

1. Die Kartoffeln waschen und mit 1 TL Salz etwa 20 Minuten kochen. Mit einem spitzen Küchenmesser prüfen, ob sie gar sind.
2. In der Zwischenzeit in einem Topf mit kochendem Wasser die zwei Eier hart kochen, mit einem Esslöffel herausnehmen und kalt abschrecken. Das übrig gebliebene, noch kochende Wasser über die beiden über Kreuz eingeritzten Tomaten gießen. Nach ein paar Minuten lässt sich die Schale mit einem spitzen Küchenmesser ganz leicht abziehen.
3. Die Tomaten entkernen und das Fruchtfleisch in Würfel schneiden. Die hart gekochten Eier schälen, halbieren und das Eigelb herausnehmen. Das Eiweiß in Würfel schneiden. Die Frühlingszwiebeln putzen, gut waschen, trockenschütteln und fein schneiden.
4. Für die Marinade das Eigelb in einer Schüssel mit dem Essig, dem Öl, Salz und Pfeffer am besten mit einem Schneebesen gut verrühren. Die Knoblauchzehe schälen und durch eine Knoblauchpresse in die Marinade drücken.
5. Die abgekühlten Kartoffeln pellen und in Scheiben schneiden. Die Marinade auf die noch lauwarmen Kartoffelscheiben geben, durchmischen und ca. 20 Minuten ziehen lassen.
6. Die vorbereiteten Tomaten, das Eiweiß und die Frühlingszwiebeln zu den Kartoffeln geben und mit einem Holzrührlöffel unterheben.
7. Den Kartoffelsalat in eine flache Schüssel füllen und mit den gewaschenen und trockengeschüttelten Dillzweigen garnieren.

Tipp:

Mit frischem Basilikum und Parmaschinken eine leckere Variante.

Russischer Kartoffelsalat

Zutaten: (für 2 Personen)

250 g fest kochende Kartoffeln
1 TL Salz
1 großer, säuerlicher Apfel (ca. 200 g)
150 g Rote Bete in Scheiben (aus dem Glas)
1 große Gewürzgurke (ca. 80 g)
1 Frühlingszwiebel

Für die Marinade:
125 g Naturjogurt
1 EL Miracel Whip
2 TL Senf
3 EL Essig oder Gurkenwasser
Salz
Pfeffer
1 Stängel frischer Dill

Zubereitung:

1. Die Kartoffeln waschen und mit 1 TL Salz etwa 20 Minuten kochen. Mit einem spitzen Küchenmesser prüfen, ob sie gar sind.
2. In der Zwischenzeit die Frühlingszwiebel putzen, waschen und fein schneiden. Den Apfel schälen, vierteln, entkernen und das Fruchtfleisch in Würfel schneiden. Die Gewürzgurke in feine Scheiben schneiden.
3. Die abgekühlten Kartoffeln pellen und in Scheiben schneiden.
4. Für die Marinade den Jogurt mit Miracel Whip und dem Senf gut mischen. Den Essig oder das Gurkenwasser sowie den fein geschnittenen Dill dazugeben und das Ganze mit Salz und Pfeffer abschmecken.
5. Die Marinade über die Kartoffeln gießen, die gut abgetropfte Rote Bete dazugeben und gründlich durchmischen.

Tipp:

Zu diesem Salat passen auch sehr gut hart gekochte Eier. Zwei Eier in kleine Würfel schneiden und unter den fertigen Salat heben.

Kartoffelsalat „Mini“

Zutaten: (für 2 Personen)

250 g fest kochende Kartoffeln
1 TL Salz
1 Frühlingszwiebel
5 Radieschen
⅓ Salatgurke
½ Bund Schnittlauch
2 Blätter Borretsch
1 EL ganze Leinsamenkörner

Für die Marinade:
125 g Naturjogurt
½ TL Senf
1 TL Instant-Rinderbouillon
2 EL Olivenöl
1 Zwiebel
Salz
Pfeffer

Zubereitung:

1. Die Kartoffeln waschen und mit 1 TL Salz etwa 20 Minuten kochen. Mit einem spitzen Küchenmesser prüfen, ob sie gar sind.
2. Die geputzte Frühlingszwiebel und den Schnittlauch waschen, trockenschütteln und klein schneiden. Die Radieschen und das Stück Salatgurke waschen und in dünne Scheiben schneiden.
3. Für die Marinade den Naturjogurt mit dem Senf und der Rinderbouillon verrühren. Die Zwiebel schälen, fein würfeln und in die Marinade geben. Das Olivenöl hinzufügen und mit Salz und Pfeffer abschmecken.
4. Die abgekühlten Kartoffeln pellen und in Scheiben schneiden. Die Jogurt-Senf-Marinade darüber geben und alles gut vermischen. Die vorbereitete Frühlingszwiebel, die Radieschen- und die Gurkenscheiben unterheben. Etwa 20 Minuten ziehen lassen. Eventuell nochmals mit Essig, Salz und Pfeffer nachwürzen.
5. Den Kartoffelsalat auf einen großen, flachen Teller geben, den Borretsch waschen, trockenschütteln und in feine Streifen schneiden. Den Kartoffelsalat mit dem Borretsch, dem Schnittlauch und dem Leinsamen bestreuen.

Tipp:

Das Essen für zwei ist schneller fertig, wenn man die rohen Kartoffeln schält, sie in nicht zu dünne Scheiben schneidet und in etwa 10 Minuten gar kocht.

Tipp:

Die Wahl des Käses für die Marinade hängt natürlich von Ihrem persönlichen Geschmack ab. Es sollte aber ein Käse mit einem höheren Fettanteil sein, weil dieser sich leichter verarbeiten lässt.

Überbackener Kartoffelsalat

Zutaten: (für 4 Personen)

500 g fest kochende Kartoffeln
1 TL Salz
125 g grüne Prinzessbohnen
1 Schuss Essig
25 g Walnüsse
1 kleine Zwiebel
100 g Gratinkäse
100 ml Fleischbrühe
Fett für die Auflaufform

Für die Marinade:
50 g Gorgonzola
1 EL Essig
1 EL Olivenöl
Salz
Pfeffer
1 Prise Rosenpaprika

Zubereitung:

1. Die Kartoffeln waschen und mit 1 TL Salz etwa 20 Minuten kochen. Mit einem spitzen Küchenmesser prüfen, ob sie gar sind.

2. Die Bohnen waschen, putzen und ca. drei bis fünf Minuten kochen. Dem Kochwasser einen Schuss Essig hinzufügen. Nach Ablauf der Kochzeit abgießen, mit kaltem Wasser abschrecken und gut abtropfen lassen. Die Walnüsse grob hacken. Die Zwiebel schälen und fein würfeln.

3. Die Kartoffeln abgießen, abkühlen lassen, pellen und in dünne Scheiben schneiden. Die Fleischbrühe erhitzen und über die Kartoffelscheiben gießen. So lange durchziehen lassen, bis die Flüssigkeit vollständig aufgesogen ist. Danach Bohnen, Nüsse und Zwiebelwürfel hinzufügen.

4. Für die Marinade den Gorgonzola in eine Schüssel geben und mithilfe einer Gabel zerdrücken. Essig und Öl hinzufügen und das Ganze zu einer geschmeidigen Creme rühren. Mit Salz und Pfeffer sowie Rosenpaprika abschmecken und zu den Salatzutaten geben. Alles vorsichtig miteinander vermengen.

5. Eine Auflaufform mit Butter oder Margarine einfetten, den Kartoffelsalat hineingeben, mit dem Gratinkäse bestreuen und unter dem Grill des Backofens auf höchster Stufe ca. fünf bis sieben Minuten überbacken. Danach herausnehmen und sofort servieren.

Kartoffelsalat „Hamburger Art“

Zutaten: (für 4 Personen)

500 g fest kochende Kartoffeln
1 TL Salz
300 g roher Schinken
3 große Birnen (ca. 500 g)
Saft einer halben Zitrone
4 Eier
⅛ l Instant-Gemüsebrühe
50 g Kürbiskerne

Für die Marinade:
3 EL Rotweinessig
2 EL Öl
Salz
weißer Pfeffer

Zubereitung:

1. Die Kartoffeln waschen und mit 1 TL Salz etwa 20 Minuten kochen. Mit einem spitzen Küchenmesser prüfen, ob sie gar sind.
2. Während die Kartoffeln kochen, die Birnen schälen, vom Kerngehäuse befreien und das Fruchtfleisch in Würfel schneiden, sofort mit dem Zitronensaft mischen. Den Schinken scheibenweise aufrollen und mit einem scharfen Messer halbieren.
3. Die Eier hart kochen, kalt abschrecken, pellen, halbieren und das Eigelb herausnehmen. Das Eiweiß grob würfeln.
4. Die geschälten Kartoffeln in Scheiben schneiden. Die Gemüsebrühe erhitzen, über die noch warmen Kartoffelscheiben gießen und einziehen lassen.
5. Die Eigelbe mit dem Öl zu einer geschmeidigen Masse rühren, dann Essig, Salz und Pfeffer hinzufügen. Die Birnen- und Eiweißwürfel zu den Kartoffelscheiben geben, die Marinade darüber gießen und alles miteinander vermengen. Etwas durchziehen lassen.
6. Zum Schluss den Salat auf einer Platte oder portionsweise auf Tellern anrichten, die Schinkenröllchen dazwischenstecken und das Ganze mit den Kürbiskernen bestreut servieren.

Tipp:

Verwenden Sie unbedingt feste Birnen. Sehr gut eignet sich beispielsweise die Sorte Williams Christ. Zu weiche Birnen lassen den Salat „matschig“ werden.

Trauben-Käse-Kartoffelsalat

Zutaten: (für 4–6 Personen)

500 g fest kochende Kartoffeln
1 TL Salz
300 g kernlose Trauben
175 g junger Gouda am Stück
50 g Pinienkerne

Für die Marinade:
125 g Naturjogurt
75 g Mascarpone
2 EL Öl
2 EL Essig
Salz
Pfeffer
Zucker

Zubereitung:

1. Die Kartoffeln waschen und mit 1 TL Salz etwa 20 Minuten kochen. Mit einem spitzen Küchenmesser prüfen, ob sie gar sind.
2. Die Trauben waschen, von den Stielen zupfen und halbieren. Den Gouda in ca. 1 cm dicke Scheiben und dann in Würfel schneiden.
3. Für die Marinade den Naturjogurt mit dem Mascarpone verrühren. Den Essig, das Öl und eine Prise Zucker zugeben. Mit Salz und Pfeffer abschmecken.
4. Die abgekühlten Kartoffeln pellen und in Scheiben schneiden. Die Marinade über die Kartoffeln geben und gut durchmengen. Die vorbereiteten Trauben und den gewürfelten Käse unter den Kartoffelsalat heben.
5. In einer beschichteten Pfanne ohne Fett die Pinienkerne unter ständigem Rühren mit einem Holzrührlöffel goldbraun rösten. Auf ein Küchenpapier schütten.
6. Den Kartoffelsalat in einer flachen Schüssel anrichten und mit den gerösteten Pinienkernen bestreuen.

Tipp:

Dieser Kartoffelsalat eignet sich hervorragend für ein Büfett. Mit Partybrötchen und Salzbutter serviert – ein Genuss. Man sollte beachten, dass man eventuell nachwürzen muss, wenn der Salat einige Zeit steht. Wer möchte, kann noch zwei bis drei hart gekochte Eier klein würfeln und untermengen.

Tipp:

Die Filets sind durch, wenn sie bei leichtem Druck mit einem Gabelrücken nicht mehr nachgeben. Beachten Sie, dass die Filets noch nachgaren, wenn sie in der Pfanne heiß gehalten werden.

Geflügel-Kartoffelsalat

Zutaten: (für 4–6 Personen)

500 g fest kochende Kartoffeln
1 TL Salz
2–3 Hähnchenfilets
3 EL Öl
75 ml Instant-Bratensoße
Salz
Pfeffer

Für die Marinade:
3 EL Essig
2 EL Öl
2 Frühlingszwiebeln
Salz
Pfeffer

Zubereitung:

1. Die Kartoffeln waschen und mit 1 TL Salz etwa 20 Minuten kochen. Mit einem spitzen Küchenmesser prüfen, ob sie gar sind.
2. 3 EL Öl in einer Pfanne erhitzen und die Hähnchenfilets scharf darin anbraten. Die Hitze etwas reduzieren und die Filets ca. fünf bis sieben Minuten je nach Stärke weiterbraten. Zum Schluss mit Salz und Pfeffer würzen.
3. Für die Marinade den Essig, das Öl, Salz und Pfeffer gut verrühren. Die Frühlingszwiebeln putzen, waschen, in feine Ringe schneiden und in die Marinade einrühren.
4. Die abgekühlten Kartoffeln pellen und in Scheiben schneiden. 75 ml Wasser zum Kochen bringen, die Bratensoße einrühren, kurz aufkochen lassen und sofort über die geschnittenen Kartoffeln gießen. Gut durchmischen und etwa 10 Minuten ziehen lassen. Dabei hin und wieder umrühren.
5. Die Marinade über die Kartoffeln gießen und durchmengen. Die noch warmen Hähnchenfilets in Streifen schneiden und unter den Kartoffelsalat heben. Sofort servieren.

Kohlrabi-Kartoffelsalat

Zutaten: (für 4–6 Personen)

500 g fest kochende Kartoffeln
1 TL Salz
1 Kohlrabi (ca. 300 g)
1 TL Salz
1 EL Öl
125 g gewürfeltes Dörrfleisch

Für die Marinade:
2 EL Miracel Whip
1 TL Worcestersoße
1 TL Sahnemeerrettich aus der Tube
2 Schalotten
Salz
Pfeffer

Zubereitung:

1. Die Kartoffeln waschen und mit 1 TL Salz etwa 20 Minuten kochen. Mit einem spitzen Küchenmesser prüfen, ob sie gar sind.
2. Den Kohlrabi schälen, vierteln und in Scheiben schneiden. In einem großen Topf etwa zwei Liter Wasser mit 1 TL Salz zum Kochen bringen. Den geschnittenen Kohlrabi in das kochende Wasser geben und ca. fünf Minuten blanchieren. In ein Sieb schütten und gut abtropfen lassen.
3. Für die Marinade das Miracel Whip mit der Worcestersoße und dem Sahnemeerrettich gut verrühren. Die Schalotten putzen, waschen, in feine Ringe schneiden und in die Marinade einrühren, mit Salz und Pfeffer abschmecken.
4. Die abgekühlten Kartoffeln pellen und in Scheiben schneiden. Die Marinade über die Kartoffeln geben und gut durchmengen. Die Kohlrabischeiben unterheben.
5. In einer Pfanne einen Esslöffel Öl erhitzen und die Dörrfleischwürfel kräftig darin anbraten. Auf ein Küchenpapier schütten, damit das Fett aufgesaugt wird. Die Würfel zurück in die heiße Pfanne geben.
6. Den Kartoffelsalat auf Tellern anrichten und mit den heißen Dörrfleischwürfeln bestreuen.

Tipp:

Der Kartoffelsalat wird sehr geschmeidig und bekommt eine schöne Farbe, wenn man über die frisch geschnittenen Kartoffelscheiben ein oder zwei Eigelbe gibt und gut durchmengt. Am besten die Eigelbe vorher mit einer Gabel gut verrühren.

Kartoffelsalat nach Jäger Art

Zutaten: (für 4–6 Personen)

500 g fest kochende Kartoffeln
1 TL Salz
200 g frische Pfifferlinge
1 Zwiebel
5 EL Öl
250 g Schinkenwürfel (Katenschinken)
Salz
Pfeffer

Für die Marinade:
3 EL Essig
2 EL Öl
Salz
Pfeffer
½ Bund Petersilie

Zubereitung:

1. Die Kartoffeln waschen und mit 1 TL Salz etwa 20 Minuten kochen. Mit einem spitzen Küchenmesser prüfen, ob sie gar sind.
2. Die Pfifferlinge verlesen – schlechte Teile abschneiden – und mit einem Kuchenpinsel gut säubern. Nur bei Bedarf waschen. Die Zwiebel schälen und in feine Würfel schneiden.
3. 5 EL Öl in einer Pfanne erhitzen und die Pfifferlinge darin etwa fünf Minuten anbraten. Die Schinken- und Zwiebelwürfel dazugeben und weitere fünf Minuten unter ständigem Rühren weiterbraten. Mit wenig Salz und Pfeffer würzen, da der Schinken in der Regel gut gesalzen ist.
4. Für die Marinade den Essig, das Öl, Salz und Pfeffer gut verrühren. Die Petersilie waschen, trockenschütteln, die Blättchen von den Stielen zupfen und fein hacken. ⅔ der gehackten Petersilie in die Marinade rühren.
5. Die abgekühlten Kartoffeln pellen und in Scheiben schneiden. Die Pfifferlinge mit den Schinken- und Zwiebelwürfeln einschließlich des in der Pfanne befindlichen Öls über die Kartoffelscheiben geben und unterrühren.
6. Die Marinade über die Kartoffeln gießen und gut durchmischen.
7. Den Kartoffelsalat auf Tellern anrichten und mit der restlichen fein gehackten Petersilie bestreuen.

Tipp:

Statt der Schinkenwürfel kann man auch gewürfeltes Dörrfleisch verwenden. Das Dörrfleisch sollte man aber zuerst anbraten, dann erst die Pilze und die Zwiebel dazugeben und weiterbraten. Mit Salz sparsam umgehen.

Radieschen-Kartoffelsalat

Zutaten: (für 4 Personen)

500 g fest kochende Kartoffeln
1 TL Salz
½ Bund Radieschen
1 Zwiebel
80 ml Fleischbrühe
½ Bund Petersilie
4 Salbeiblätter

Für die Marinade:
70 g Crème fraîche
3 EL Essig
1 EL Zitronensaft
Zucker
Salz
Pfeffer

Zubereitung:

1. Die Kartoffeln waschen und mit 1 TL Salz etwa 20 Minuten kochen. Mit einem spitzen Küchenmesser prüfen, ob sie gar sind.
2. Die Radieschen putzen, waschen und in Scheiben schneiden. Die Zwiebel schälen und in feine Ringe schneiden.
3. Für die Marinade die Crème fraîche mit dem Essig, dem Zitronensaft, Salz und Pfeffer gut verrühren. Eine Prise Zucker dazugeben.
4. Die abgekühlten Kartoffeln pellen und in Scheiben schneiden. Die Fleischbrühe erhitzen und über die Kartoffelscheiben gießen. Gut durchziehen lassen, dabei hin und wieder umrühren.
5. Die Marinade über die Kartoffeln geben und alles gut mischen. Die Petersilie waschen und trockenschütteln. Die Stiele entfernen und die Petersilie fein hacken. Zusammen mit den geschnittenen Radieschen unter den Kartoffelsalat heben.
6. Den Kartoffelsalat auf Tellern anrichten und mit den Zwiebelringen und den Salbeiblättern garnieren.

Tipp:

Statt der Fleischbrühe kann man auch fertige Bouillon oder Instantpulver verwenden. In heißem Wasser kurz aufgekocht, ist sie ruck, zuck fertig.

Tipp:

Der Salat schmeckt frisch und saftig. Ideal für heiße Sommertage oder zu gegrilltem Fleisch.

Eisberg-Kartoffelsalat

Zutaten: (für 4 Personen)

500 g fest kochende Kartoffeln
1 TL Salz
½ Eisbergsalat
2 säuerliche Äpfel (ca. 500 g)
1 rote Paprikaschote
2 Zwiebeln
¼ l Instant-Gemüsebrühe

Für die Marinade:
3 EL Weinessig
1 EL Zitronensaft
1 TL Senf
½ TL Salz
¼ TL Pfeffer
1 TL Zucker
½ Bund Dill
6 EL Öl

Zubereitung:

1. Die Kartoffeln waschen und mit 1 TL Salz etwa 20 Minuten kochen. Mit einem spitzen Küchenmesser prüfen, ob sie gar sind.
2. In der Zwischenzeit den Eisbergsalat in der Mitte durchschneiden, die eine Hälfte putzen, waschen, in mundgerechte Stücke zupfen, auf ein Sieb geben und gut abtropfen lassen.
3. Die beiden Äpfel schälen, entkernen, das Fruchtfleisch in Spalten und dann in Würfel schneiden. Die Paprikaschote in der Mitte durchschneiden und die Kerne entfernen. Die beiden Hälften waschen, zuerst in Streifen und dann in Würfel schneiden.
4. Die abgekühlten Kartoffeln pellen und in Scheiben schneiden. Die Zwiebeln schälen und fein würfeln. Die Gemüsebrühe erhitzen und mit den fein gehackten Zwiebeln unter die Kartoffelscheiben mischen. Etwas stehen lassen, damit die Flüssigkeit in die Kartoffelscheiben einziehen kann.
5. Den Senf mit dem Essig und dem Zitronensaft gut verrühren. Salz, Pfeffer und Zucker dazugeben. Den Dill waschen und klein schneiden. Eventuell etwas Dill zum Garnieren beiseite legen. Den Dill in die Marinade rühren und zum Schluss das Öl.
6. Den Eisbergsalat, die Äpfel- und Paprikawürfel in die Marinade geben und gut durchmischen. Das Ganze dann vorsichtig unter die Kartoffelscheiben heben.

Rucola-Kartoffelsalat

Zutaten: (für 4 Personen)

500 g fest kochende Kartoffeln
1 TL Salz
2 Eier
½ Schale Rucola (ca. 65 g)
⅛ l Instant-Rinderbouillon

Für die Marinade:
2 EL Balsamico Bianco
1 EL Rapsöl
Salz
Pfeffer

Zubereitung:

1. Die Kartoffeln waschen und mit 1 TL Salz etwa 20 Minuten kochen. Mit einem spitzen Küchenmesser prüfen, ob sie gar sind.
2. Währenddessen den Rucola aussortieren, die langen Stiele entfernen, die Blätter waschen, in ein Sieb geben und abtropfen lassen.
3. Die abgekühlten Kartoffeln pellen und in Scheiben schneiden. Die Rinderbouillon erhitzen, sofort über die Kartoffelscheiben gießen und durchziehen lassen.
4. Die hart gekochten Eier schälen und halbieren. Das Eigelb herausnehmen, das Eiweiß in kleine Würfel schneiden.
5. Für die Marinade die Eigelbe mit dem Balsamico Bianco am besten mit einem Schneebesen verrühren. Das Rapsöl, das Salz und den Pfeffer dazugeben, gut verrühren, über die Kartoffelscheiben gießen und durchrühren.
6. Etwa ⅔ des Rucola klein schneiden und unter den Kartoffelsalat mischen. Mit den restlichen Blättern die Teller auslegen. Zum Schluss die Eiweißwürfel unter den Kartoffelsalat heben.
7. Den Kartoffelsalat auf den dekorierten Tellern verteilen.

Tipp:

Dieser Kartoffelsalat erhält eine pikante Note, wenn Sie frischen Parmesankäse vor dem Servieren darüber reiben.

Champignon-Mais-Kartoffelsalat

Zutaten: (für 4 Personen)

500 g fest kochende Kartoffeln
1 TL Salz
300 g Champignons
1 Zwiebel
300 g Mais aus der Dose
1 rote Paprikaschote
⅛ l Hühnerbrühe

Für die Marinade:
150 g Frischkäse
4 EL Milch
3 TL geriebener Meerrettich
2 EL Balsamico Bianco
4 EL Öl
1 Eigelb
Salz
Pfeffer

Zubereitung:

1. Die Kartoffeln waschen und mit 1 TL Salz etwa 20 Minuten kochen. Mit einem spitzen Küchenmesser prüfen, ob sie gar sind.

2. Die Zwiebel schälen und fein würfeln. Den Mais durch ein Sieb abgießen, mit klarem Wasser abspülen und gut abtropfen lassen. Die Paprikaschote halbieren, vom Kerngehäuse befreien und das Fruchtfleisch in Würfel schneiden.

3. Die Champignons mit einem Bürstchen von Schmutz befreien, putzen und in Scheiben schneiden. Die Pilze nicht waschen, der Geschmack verwässert sonst zu sehr.

4. Die Kartoffeln abgießen, abkühlen lassen, pellen und in Scheiben schneiden. Die Hühnerbrühe erhitzen und über die Kartoffelscheiben gießen. So lange durchziehen lassen, bis die Flüssigkeit vollständig aufgesogen ist. Danach die anderen Zutaten in die Schüssel geben und alles miteinander vermischen.

5. Aus dem Frischkäse, Essig, Öl, Eigelb, Milch, Meerrettich, Salz sowie Pfeffer eine cremige Marinade rühren, über den Salat geben und unterheben. Das Ganze eine Stunde durchziehen lassen und danach noch einmal abschmecken.

Tipp:

Meerrettichwurzeln gibt es in allen Monaten mit einem „r", also von September bis April, frisch zu kaufen. Geschält, fein gerieben und in einem Glas verschlossen hält sich Meerrettich im Kühlschrank mehrere Wochen und kann nach Belieben verwendet werden.

Kartoffelsalat alla Italia

Zutaten: (für 4 Personen)

500 g fest kochende, nicht zu kleine Kartoffeln
1 TL Salz
4 Strauchtomaten
2 Beutel Mozzarella (à 125 g)
2–3 Frühlingszwiebeln

Für die Marinade:
3 EL Balsamico Bianco
4 EL Olivenöl
1 Prise Zucker
Salz
Pfeffer

Zum Garnieren:
½ Bund Basilikum

Zubereitung:

1. Die Kartoffeln schälen, in dünne Scheiben schneiden und in Salzwasser ca. 10 bis 15 Minuten kochen.

2. Währenddessen die Tomaten waschen und in Scheiben schneiden, dabei jeweils den Blüten- und den Stielansatz beiseite legen und anderweitig verwerten. Den Mozzarella aus der Lake nehmen, mit Küchenpapier trockentupfen und ebenfalls in Scheiben schneiden, die beiden Enden würfeln und beiseite stellen. Die Frühlingszwiebeln putzen, waschen und in Ringe schneiden.

3. Nach Ablauf der Garzeit die Kartoffeln durch ein Sieb abgießen und gut abtropfen lassen. Danach die Kartoffel-, Tomaten- und Mozzarellascheiben dekorativ auf Tellern anrichten und mit den Frühlingszwiebeln und Mozzarellawürfeln bestreuen.

4. Aus Essig, Öl, Zucker, Salz und Pfeffer eine Marinade rühren und mit einem Esslöffel über den Salat träufeln. Das Basilikum waschen, trockenschütteln, die Blättchen abzupfen und den Salat damit garnieren.

Tipp:

Dieses Gericht eignet sich hervorragend als Auftakt zu einem italienischen Menü.

Tipp:

Dazu können beispielsweise herzhafter Hackbraten, Bratwürste oder marinierte Steaks gereicht werden.

Kartoffelsalat mit roten Bohnen

Zutaten: (für 4 Personen)

500 g fest kochende Kartoffeln
1 TL Salz
1 Stange Lauch (ca. 170 g)
¼ l Instant-Rinderbouillon
1 Dose Kidneybohnen (ca. 410 g)
½ Kopf Eichblattsalat

Für die Marinade:
4 EL Balsamico Bianco
4 EL Öl
2 TL Senf
1 Prise Rosenpaprika
1 Prise Zucker
Salz
Pfeffer

Zubereitung:

1. Die Kartoffeln waschen und mit 1 TL Salz etwa 20 Minuten kochen. Mit einem spitzen Küchenmesser prüfen, ob sie gar sind.
2. Währenddessen den Lauch putzen, gründlich waschen und in dünne Ringe schneiden. Die Rinderbouillon erhitzen und den Lauch darin ca. drei Minuten garen, durch ein Sieb abgießen, dabei die Brühe auffangen.
3. Die Bohnen durch ein Sieb abgießen, mit kaltem Wasser abspülen und gut abtropfen lassen. Den Eichblattsalat putzen, waschen und grob zerpflücken.
4. Die abgekühlten Kartoffeln schälen und in Scheiben schneiden, anschließend mit der Brühe übergießen und so lange stehen lassen, bis die Flüssigkeit vollständig aufgesogen ist.
5. Aus Essig, Öl, Senf, Rosenpaprika, Zucker, Salz und Pfeffer eine Marinade rühren und zusammen mit den Bohnen und den Lauchringen zu den Kartoffelscheiben geben. Alles gut miteinander vermengen. Das Ganze eine Stunde durchziehen lassen und danach noch einmal abschmecken.
6. Zum Servieren jeweils einige Blätter Salat auf Tellern anrichten und den Kartoffelsalat portionsweise darauf geben.

Cabanossi-Kartoffelsalat

Zutaten: (für 4 Personen)

500 g fest kochende Kartoffeln
1 TL Salz
200 g Pfifferlinge
1 Bund Petersilie
1 Knoblauchzehe
Salz
Pfeffer
1 Frühlingszwiebel
150 g Mini-Cabanossi
2 EL Pflanzenöl

Für die Marinade:
2 EL Apfelessig
3 EL Distelöl
1 TL französischer Senf (körnig)
Salz
Pfeffer
1 Prise Zucker

Zubereitung:

1. Die Kartoffeln schälen und in ca. 1 cm dicke Scheiben, dann in Stäbchen schneiden. Mit 1 TL Salz etwa 15 Minuten kochen. Mit einem spitzen Küchenmesser prüfen, ob sie gar sind.
2. Die Knoblauchzehe schälen und fein würfeln. Die Frühlingszwiebel putzen, waschen und klein schneiden. Die Petersilie waschen, trockenschütteln und fein hacken. Die Pfifferlinge putzen und gründlich waschen, große Pilze gegebenenfalls in kleinere Stücke zerteilen.
3. Das Öl in einer Pfanne erhitzen und die Pfifferlinge darin unter Rühren ca. sechs bis sieben Minuten braten. Dann die Zwiebelstücke sowie die Knoblauchwürfel dazugeben, kurz mit anschwitzen, die Pfanne vom Herd nehmen und die gehackte Petersilie hineinstreuen. Mit wenig Salz und Pfeffer würzen.
4. Die Kartoffelstäbchen mit einem Schaumlöffel aus dem Wasser nehmen, in ein Sieb geben und mit kaltem Wasser abschrecken, gut abtropfen lassen und danach in eine Schüssel füllen. Die Pfifferling-Kräuter-Mischung hinzufügen und vorsichtig unterheben.
5. Die Mini-Cabanossi können nach Belieben ganz oder halbiert zum Salat gegeben werden.
6. Aus Essig, Öl, Senf, Salz, Pfeffer und Zucker eine Marinade rühren, über den Salat gießen und alles miteinander vermengen. Den Salat gut eine Stunde durchziehen lassen. Danach noch einmal abschmecken.

Tipp:

Die Mini-Cabanossi sind sehr herzhaft und würzig. Zunächst das Salz sparsam dosieren und lieber zum Schluss noch einmal nachwürzen.

Kartoffelsalat „Ceylon“

Zutaten: (für 4 Personen)

500 g fest kochende Kartoffeln
1 TL Salz
2 Hähnchenfilets
Öl zum Braten
1 kleiner Blumenkohl
100 g Ananas aus der Dose
(ca. 3 Scheiben)
½ rote Zwiebel

Für die Marinade:

150 g saure Sahne
½ TL gemahlener Kümmel
2 TL Marsala
1 TL Korianderkörner
1 kleine getrocknete Chilischote
1 Kardamomkapsel
1 Spritzer Tabasco
1 EL Essig
1 EL Zitronensaft
1 EL Rapsöl
Salz
Pfeffer

Zum Garnieren:

1 Stängel frische Minze mit Blüte

Zubereitung:

1. Die Kartoffeln waschen und mit 1 TL Salz etwa 20 Minuten kochen. Mit einem spitzen Küchenmesser prüfen, ob sie gar sind.

2. Währenddessen den Blumenkohl in Röschen zerteilen, waschen und in kochendem Salzwasser ca. fünf bis acht Minuten garen. Danach durch ein Sieb abgießen und gut abtropfen lassen. Zwischenzeitlich den gemahlenen Kümmel, Marsala, Korianderkörner, Kardamom und die Chilischote in einen Mörser geben und fein zerstoßen. Die Ananasscheiben grob würfeln.

3. In einer Pfanne etwas Öl erhitzen und die Hähnchenfilets darin von beiden Seiten braun anbraten. Die Hitze reduzieren und sechs bis sieben Minuten zu Ende garen. Danach das Fleisch in Würfel schneiden.

4. Die Kartoffeln abgießen, abkühlen lassen, pellen und in Würfel schneiden. Ananas-, Kartoffel- und Fleischwürfel sowie die Blumenkohlröschen in eine Schüssel geben und vorsichtig vermengen.

5. Aus saurer Sahne, Tabasco, Essig, Zitronensaft und Öl sowie den Gewürzen eine Marinade rühren, über den Salat geben und alles gut miteinander vermischen. Mindestens eine Stunde durchziehen lassen, danach noch einmal abschmecken und auf einer großen Platte anrichten. Die Zwiebel schälen, fein würfeln, darüber streuen und den Salat mit dem Minzestängel garnieren.

Tipp:

Dieser Kartoffelsalat hat ein süß-würziges Aroma und passt gut zu allen Arten von gegrilltem Fleisch, sofern dieses nicht bereits mariniert ist. Sonst gäbe es zu viele Gewürznoten.

Gemüse-Kartoffelsalat

Zutaten: (für 4–6 Personen)

500 g fest kochende Kartoffeln
1 TL Salz
1 kleiner Blumenkohl
1 Glas fertige feine Möhren (ca. 200 g)
1 Dose Champignonköpfe (ca. 400 g)
2 Eier
Schnittlauch zum Garnieren

Für die Marinade:
250 g Salatmajonäse
2 EL Essig
2 EL Olivenöl
1 Zwiebel
Salz
Pfeffer

Zubereitung:

1. Die Kartoffeln waschen und mit 1 TL Salz etwa 20 Minuten kochen. Mit einem spitzen Küchenmesser prüfen, ob sie gar sind.
2. Den Blumenkohl putzen, in kleine Röschen zerteilen und in kaltes Salzwasser legen. In einem Topf mit kochendem Wasser die zwei Eier hart kochen, mit einem Esslöffel herausnehmen und kalt abschrecken. Die Champignons und die Möhren in ein Sieb schütten und gut abtropfen lassen.
3. Den vorbereiteten Blumenkohl in kochendem Salzwasser bissfest blanchieren. In ein Sieb schütten und gut abtropfen lassen.
4. Für die Marinade die Salatmajonäse in einer Schüssel mit dem Essig, dem Öl, Salz und Pfeffer am besten mit einem Schneebesen gut verrühren. Die Zwiebel schälen, in feine Würfel hacken und in die Marinade einrühren.
5. Die abgekühlten Kartoffeln pellen und in Scheiben schneiden. Die erkalteten Eier schälen und klein hacken.
6. Den abgetropften Blumenkohl, die Möhren, die Champignons und die gehackten Eier zu den Kartoffeln geben und mit einem Holzrührlöffel unterheben.
7. Den Kartoffelsalat auf einen großen, flachen Teller geben und die Marinade in der Mitte darüber gießen. Den Schnittlauch waschen, trockenschütteln, klein schneiden. Den Kartoffelsalat mit dem Schnittlauch bestreuen.

Tipp:

Die Marinade gleich mit den Kartoffelscheiben und dem Gemüse mischen. Das geht am besten mit einem Holzrührlöffel.

Tipp:

Selbstverständlich kann man die Kartoffel- und Gurkenscheiben zusammen in eine große Schüssel geben und alles mit der Marinade vermischen. Wer keine ungeschälten Gurken mag, kann die Gurke auch schälen und hobeln. In diesem Fall nimmt man am besten eine ganze Gurke.

Gurken-Kartoffelsalat

Zutaten: (für 4 Personen)

500 g fest kochende Kartoffeln
1 TL Salz
½ Salatgurke
1 Zwiebel
½ Bund Petersilie
¼ l Instant-Gemüsebrühe

Für die Marinade:
70 g Mascarpone
125 g Naturjogurt
2 EL Essig
2 EL Walnussöl
50 g Walnusskerne
Salz
Pfeffer

Zubereitung:

1. Die Kartoffeln waschen und mit 1 TL Salz etwa 20 Minuten kochen. Mit einem spitzen Küchenmesser prüfen, ob sie gar sind.
2. In der Zwischenzeit die halbe Salatgurke waschen und in dünne Scheiben schneiden. Die Zwiebel schälen und fein würfeln.
3. Für die Marinade Mascarpone und Naturjogurt in einer Schüssel gut verrühren. Essig dazugeben und zum Schluss das Walnussöl. Die Walnusskerne klein hacken und unter die Marinade heben. Mit Salz und Pfeffer abschmecken.
4. Die abgekühlten Kartoffeln pellen und in Scheiben schneiden. Die Gemüsebrühe erhitzen und mit den Zwiebelwürfeln unter die Kartoffelscheiben mischen. Etwas stehen lassen, damit die Flüssigkeit in die Kartoffelscheiben einziehen kann.
5. Die Kartoffel- und Gurkenscheiben auf Portionstellern anrichten und die Marinade darüber verteilen.
6. Die Petersilie waschen und trockenschütteln. Fein hacken und über den angerichteten Kartoffelsalat streuen.

Warmer Kartoffelsalat mit Frikadellen

Zutaten: (für 4 Personen)

500 g fest kochende Kartoffeln
1 TL Salz
2 EL Öl
150 g magere Schinkenwürfel
1 große Zwiebel

Für die Marinade:
⅛ l Instant-Rinderbouillon
2 EL Essig
2 EL Öl
1 TL Salz
Pfeffer
1 Prise Aromat mit Kräutern

Für die Frikadellen:
500 g gemischtes Hackfleisch
1 altbackenes Brötchen
1 Ei
1 große Zwiebel
Salz
Pfeffer
1 Prise geriebene Muskatnuss
Butterschmalz zum Anbraten

Zubereitung:

1. Die Kartoffeln waschen und mit 1 TL Salz etwa 20 Minuten gar kochen. Abgießen, mit kaltem Wasser abschrecken und pellen.
2. Während die Kartoffeln kochen, die Zwiebeln schälen und fein würfeln. Das Öl in einer Pfanne erhitzen und die Schinkenwürfel darin kross anbraten, die Hälfte der Zwiebelwürfel hinzufügen und mitbraten.
3. Die geschälten Kartoffeln in Scheiben schneiden. Sofort die angebratenen Schinken- und Zwiebelwürfel über die noch warmen Kartoffelscheiben geben und vorsichtig unterheben.
4. ⅛ l Wasser zum Kochen bringen, die Rinderbouillon hineingeben und kurz aufkochen lassen, danach sofort über die Kartoffeln gießen. Mit Essig, Öl, Salz sowie Pfeffer und Aromat abschmecken, warm stellen und durchziehen lassen.
5. Das Brötchen in heißem Wasser einweichen. Das Hackfleisch zusammen mit dem Ei, den restlichen Zwiebelwürfeln und dem gut ausgedrückten Brötchen in eine Schüssel geben und mit einer Gabel oder den Händen gründlich vermengen. Mit Salz, Pfeffer und geriebener Muskatnuss abschmecken.
6. Das Butterschmalz in einer Pfanne erhitzen. Aus der Fleischmasse ca. 18 Kugeln formen und diese rundherum in dem heißen Fett braten.

Tipp:

Probieren Sie doch einmal Frikadellen aus Hähnchen- oder Truthahnhackfleisch.

Kartoffelsalat mit Mangold

Zutaten: (für 4 Personen)

500 g fest kochende Kartoffeln
1 TL Salz
¼ l Rinderbrühe
250 g Mangold
2 EL Essig
1 kleine Zwiebel
½ Bund Radieschen
4 Frühlingszwiebeln
4 Zweige Petersilie

Für die Marinade:
5 EL Weißweinessig
5 EL Olivenöl
Salz
Pfeffer

Zubereitung:

1. Die Kartoffeln waschen und mit 1 TL Salz etwa 20 Minuten kochen. Mit einem spitzen Küchenmesser prüfen, ob sie gar sind.
2. In der Zwischenzeit den Mangold putzen, waschen und die Stiele entfernen. Das Grün in Streifen schneiden. Die Radieschen putzen, waschen und in feine Scheiben schneiden.
3. Die Rinderbrühe erhitzen. Die Kartoffeln abgießen, etwas abkühlen lassen, pellen und in Scheiben schneiden. Die Kartoffelscheiben in eine Schüssel geben und mit der Rinderbrühe übergießen. Die Flüssigkeit soll von den Kartoffeln vollständig aufgesogen werden.
4. In einem großen Topf reichlich Wasser mit einem Schuss Essig zum Kochen bringen und die Mangoldstreifen darin eine Minute blanchieren. Wenn möglich, direkt danach in Eiswasser legen und abschrecken, damit das Gemüse schön grün bleibt.
5. Die Zwiebel schälen und fein würfeln, die Frühlingszwiebeln putzen, waschen und in Ringe schneiden. Die Petersilie ebenfalls waschen, trockenschütteln und fein hacken. Alles zusammen mit dem Mangold und den Radieschenscheiben zu den Kartoffeln geben.
6. Für die Marinade Essig mit Öl und Salz sowie Pfeffer verrühren, über den Salat geben und alles gut miteinander vermengen. Mindestens eine Stunde durchziehen lassen und danach noch einmal abschmecken.

Tipp:

Die Stiele des Mangolds müssen nicht weggeworfen werden. Geputzt, gewaschen und in Stücke geschnitten können sie in fünf bis sieben Minuten in Wasser gegart und z. B. mit einer Sauce hollandaise am nächsten Tag als Gemüsebeilage zu einem anderen Gericht serviert werden.

Tipp:

Grüner Pfeffer besitzt eine angenehme Schärfe, die sehr gut mit den restlichen, eher milden Zutaten harmoniert. Man kann auch mit Zitronenpfeffer oder rosa Beeren experimentieren. Auf ganz scharfe Pfeffermischungen sollte man jedoch eher verzichten.

Schinken-Kartoffelsalat

Zutaten: (für 4 Personen)

500 g fest kochende Kartoffeln
1 TL Salz
1 Scheibe gekochter Schinken (ca. 300 g)
2 EL Zitronensaft
50 ml Instant-Gemüsebrühe
1 kleine Zwiebel
150 g Champignons
3 TL eingelegte, grüne Pfefferkörner
1 Schale Kresse

Für die Marinade:
2 EL Essig
2 EL Öl
1 TL Senf
Salz

Zubereitung:

1. Die Kartoffeln waschen und mit 1 TL Salz etwa 20 Minuten kochen. Mit einem spitzen Küchenmesser prüfen, ob sie gar sind.
2. Während die Kartoffeln kochen, die Zwiebel schälen und fein würfeln. Die Champignons mit einem Pinsel von Schmutz befreien und in Scheiben schneiden. Den gekochten Schinken in ca. 1 cm große Würfel schneiden.
3. Die geschälten Kartoffeln in Scheiben schneiden. Die Gemüsebrühe erhitzen, die Zwiebelwürfel und den Zitronensaft hinzufügen, alles sofort über die noch warmen Kartoffelscheiben gießen und einziehen lassen.
4. Danach die Schinkenwürfel und die Champignonscheiben sowie die grünen Pfefferkörner hinzufügen und alles vorsichtig unterheben.
5. Aus Essig, Öl, Senf und Salz eine Marinade rühren und über den Salat gießen. Noch einmal gut durchmischen und ziehen lassen. Zwischenzeitlich die Kresse abschneiden, waschen und auf Küchenpapier abtropfen lassen. Zum Schluss unter den Salat mischen und servieren.

Rotwein-Kartoffelsalat

Zutaten: (für 4 Personen)

500 g fest kochende Kartoffeln
1 TL Salz
1 kleine rote Zwiebel
2 Dosen Makrelenfilets in Öl (à 125 g)
1 Dose Artischockenherzen (ca. 340 g)
30 g Kapern

Für die Marinade:
100 ml Rotwein
2 EL Rotweinessig
3 EL Öl
¼ Bund Petersilie
Salz
Pfeffer

Zubereitung:

1. Die Kartoffeln waschen und mit 1 TL Salz etwa 20 Minuten kochen. Mit einem spitzen Küchenmesser prüfen, ob sie gar sind.
2. Während die Kartoffeln kochen, die Zwiebel schälen und fein würfeln. Die Makrelenfilets aus den Dosen nehmen, auf Küchenpapier abtropfen lassen und danach in Stücke zupfen. Die Artischockenherzen sowie die Kapern durch ein Sieb abgießen und gut abtropfen lassen.
3. Die geschälten Kartoffeln in Scheiben schneiden, den Rotwein darüber gießen und etwas einziehen lassen. Danach die Makrelenfilets, Artischocken, Kapern und Zwiebelwürfel hinzufügen und alles miteinander vermischen.
4. Aus Essig, Öl, Salz und Pfeffer eine Marinade rühren, über den Salat gießen und alles gründlich vermengen.
5. Die Petersilie waschen, trockenschütteln und hacken. Zum Schluss unter den Salat heben.

Tipp:

Sie können auch Tunfisch verwenden. Nehmen Sie jedoch immer in Öl eingelegten Fisch, dieser schmeckt in Salaten herzhafter und ist saftiger als der Tunfisch im eigenen Saft.

Katersalat

Zutaten: (für 4 Personen)

500 g fest kochende Kartoffeln
1 TL Salz
4 Rollmöpse
1 säuerlicher Apfel
Saft einer halben Zitrone
1 Zwiebel
2 Gewürzgurken
⅛ l Instant-Gemüsebrühe
½ Bund Dill

Für die Marinade:
2 EL Essig
2 EL Öl
100 g Mascarpone
200 ml süße Sahne
Salz
weißer Pfeffer

Zubereitung:

1. Die Kartoffeln waschen und mit 1 TL Salz etwa 20 Minuten kochen. Mit einem spitzen Küchenmesser prüfen, ob sie gar sind.

2. Während die Kartoffeln kochen, die Zwiebel schälen und fein würfeln. Den Apfel schälen, vom Kerngehäuse befreien und das Fruchtfleisch in Würfel schneiden, sofort mit dem Zitronensaft mischen. Die Gewürzgurken ebenfalls würfeln. Die Rollmöpse jeweils in drei bis vier dünnere Scheiben schneiden und beiseite stellen.

3. Die geschälten Kartoffeln in Scheiben schneiden. Die Gemüsebrühe erhitzen, über die noch warmen Kartoffelscheiben gießen und einziehen lassen.

4. Den Dill waschen, trockenschütteln und fein hacken. Die Kartoffelscheiben mit den Apfel-, Gurken- und Zwiebelwürfeln mischen.

5. Aus Essig, Öl, Mascarpone und Sahne eine Marinade rühren, mit Salz und Pfeffer abschmecken, über den Salat gießen und alles vorsichtig miteinander vermengen.

6. Den Salat auf einer Platte anrichten, die Rollmopsscheiben darauf legen und das Ganze mit dem gehackten Dill bestreuen.

Tipp:

Wenn man eine besonders schnelle Variante zubereiten möchte, kann man auch fertig in Sahnesoße eingelegte Heringe in Stücken kaufen. Dann braucht man selbst nur noch die gekochten Kartoffelscheiben unterheben.

Krabben-Kartoffelsalat

Zutaten: (für 4 Personen)

500 g fest kochende Kartoffeln
1 TL Salz
3 Stangen Bleichsellerie
100 g Eismeerkrabben
½ Bund Schnittlauch
½ Bund Dill
100 ml Gemüsebrühe

Für die Marinade:
2 EL Essig
4 EL Öl
1 Spritzer Zitronensaft
2 TL geriebener Meerrettich
1 Prise Zucker
Salz
Pfeffer

Zubereitung:

1. Die Kartoffeln waschen und mit 1 TL Salz etwa 20 Minuten kochen. Mit einem spitzen Küchenmesser prüfen, ob sie gar sind.
2. Den Bleichsellerie waschen, die Fäden abziehen und die Stangen in ca. 1 cm breite Stücke schneiden. Die Krabben abgießen und gut abtropfen lassen. Schnittlauch und Dill ebenfalls waschen, trockenschütteln und fein schneiden.
3. Die Kartoffeln abgießen, abkühlen lassen, pellen und in Scheiben schneiden. In einer Schüssel zusammen mit den Selleriestücken, den Krabben und den Kräutern vermengen.
4. Die Gemüsebrühe erhitzen, über die Zutaten gießen und so lange ziehen lassen, bis die Flüssigkeit aufgesogen ist.
5. Aus Essig, Öl, Zitronensaft, Meerrettich, Zucker, Salz und Pfeffer eine Marinade rühren und über den Salat gießen. Alles gut miteinander vermengen und mindestens eine Stunde ziehen lassen. Danach noch einmal abschmecken.

Tipp:

Anstelle der Krabben kann man auch gebratenes und in Stücke gezupftes Lachsfilet nehmen.

Bratkartoffelsalat mit Garnelen

Zutaten: (für 4–6 Personen)

500 g fest kochende Kartoffeln
1 TL Salz
2 EL Öl
250 g TK-Garnelen Provencal
1 EL Bratfett
½ Schale Rucola

Für die Marinade:
50 ml Gemüsebrühe
1 EL Zitronensaft
1 EL Essig
1 EL getrocknete Petersilie
2 EL Olivenöl
Salz
Pfeffer
Zucker

Zubereitung:

1. Die Kartoffeln waschen und mit 1 TL Salz etwa 20 Minuten kochen. Mit einem spitzen Küchenmesser prüfen, ob sie gar sind.
2. Den Rucola verlesen, die Stiele abschneiden, die Blätter waschen, trockenschütteln und in grobe Stücke schneiden.
3. Für die Marinade die Gemüsebrühe mit dem Zitronensaft, Essig, Salz und Pfeffer sowie mit der Petersilie verrühren. Zum Schluss das Olivenöl dazugeben. Eventuell mit etwas Zucker abschmecken.
4. Die abgekühlten Kartoffeln pellen und in Scheiben schneiden. In einer Pfanne 2 EL Öl erhitzen und die Kartoffelscheiben darin anbraten.
5. Den Rucola in der Marinade gut durchmischen und die gebratenen Kartoffelscheiben unterheben.
6. In einer Pfanne das Bratfett erhitzen und die Garnelen von beiden Seiten knusprig anbraten.
7. Den Kartoffelsalat auf Tellern anrichten, die gebratenen Garnelen darauf verteilen und sofort servieren.

Tipp:

Statt der Garnelen kann man auch Scampi oder Krabben verwenden. Wichtig ist nur, dass sie knusprig angebraten werden. Auch wenn sie über den Kartoffeln schon leicht abgekühlt sind, schmecken sie noch lecker.

Schweinefilet-Kartoffelsalat

Zutaten: (für 4 Personen)

600 g fest kochende Kartoffeln
1 TL Salz
1 Schweinefilet (ca. 600 g)
30 g grüne Pfefferkörner
2 EL ÖL
1 Apfel
Salz
Pfeffer
Paprikapulver
150 ml Instant-Rinderbouillon
1 Schale Kresse

Für die Marinade:
2 EL Essig
1 EL Zitronensaft
1 TL Sojasoße
1 TL Senf
2 EL Öl
Salz
Pfeffer

Zubereitung:

1. Die Kartoffeln waschen und mit 1 TL Salz etwa 20 Minuten kochen. Mit einem spitzen Küchenmesser prüfen, ob sie gar sind.

2. Den Apfel schälen, vierteln, entkernen und das Fruchtfleisch in kleine Würfel schneiden.

3. Das Olivenöl in einer Pfanne erhitzen und das Filet darin scharf anbraten, die Pfefferkörner in die heiße Pfanne dazugeben. Das Filet in ca. 2 cm dicke Scheiben schneiden und von beiden Seiten nochmals kurz anbraten. Mit Salz, Pfeffer und Paprikapulver würzen und in der Pfanne warm halten. Beachten Sie, dass das Filet in der heißen Pfanne noch nachgart.

4. Für die Marinade den Essig, den Zitronensaft, die Sojasoße, den Senf und das Öl verrühren. Mit Salz und Pfeffer abschmecken.

5. Die abgekühlten Kartoffeln pellen und in Scheiben schneiden. 150 ml Wasser zum Kochen bringen, die Rinderbouillon einrühren und kurz aufkochen lassen. Sofort über die geschnittenen Kartoffeln gießen und gut durchmengen. Ziehen lassen, bis die Flüssigkeit aufgesaugt ist, dabei gelegentlich umrühren.

6. Die Marinade und die Apfelstücke über die Kartoffelscheiben geben und gut durchmischen. Die Filetscheiben in kleine Stücke schneiden und zusammen mit den Pfefferkörnern zum Kartoffelsalat geben. Mit einem Holzrührlöffel unterheben.

7. Den Kartoffelsalat in eine Schüssel füllen, mit Kresse bestreuen und sofort servieren.

Tipp:

Physalis geben diesem Gericht einen fruchtigen Geschmack. Sie können zur Dekoration verwendet oder auch gleich unter den Kartoffelsalat gemischt werden.

Rustikaler Kartoffelsalat

Zutaten: (für 4–6 Personen)

750 g kleine, fest kochende Kartoffeln (z. B. Goldnieren)
1 TL Salz
½ Rettich (ca. 350 g)
125 g Harzer Käse
¼ l Instant-Gemüsebrühe
2 gelbe Zwiebeln

Für die Marinade:
3 EL Weißweinessig
4 EL Öl
½ rote Zwiebel
½ gelbe Zwiebel
¼ TL Salz
Pfeffer

Zum Garnieren:
1 Bund frische Kräuter
3 hart gekochte Eier

Zubereitung:

1. Die Kartoffeln waschen und mit 1 TL Salz etwa 20 Minuten kochen. Mit einem spitzen Küchenmesser prüfen, ob sie gar sind.
2. In der Zwischenzeit den Rettich schälen und in grobe Würfel schneiden.
3. Für die Marinade die rote und die gelbe Zwiebel halbieren. Je eine Hälfte schälen und in feine Würfel schneiden. Etwa ¼ TL Salz und etwas Pfeffer zu den Zwiebeln geben und mit einem Löffel gut durchmischen. Den Essig dazurühren. Kurz stehen lassen, bis sich das Salz aufgelöst hat. Zum Schluss das Öl einrühren. Die Marinade kräftig abschmecken.
4. Die abgekühlten Kartoffeln nicht pellen, sondern mit der Schale einfach nur halbieren. Die Zwiebeln schälen und fein würfeln. Die Gemüsebrühe erhitzen, mit den fein gehackten Zwiebeln zu den Kartoffeln geben und sofort durchmischen. Etwas stehen lassen, damit die Flüssigkeit in die Kartoffeln einziehen kann.
5. Den Harzer Käse grob würfeln, in die Marinade geben und gut durchmischen.
6. Den gewürfelten Rettich und die Salatmarinade über die Kartoffelhälften geben und vorsichtig unterheben. Mit Salz und Pfeffer abschmecken.
7. Den Kartoffelsalat auf Teller verteilen und mit Eihälften und den klein geschnittenen Kräutern garnieren.

Tipp:

Wer keine Zwiebelreste mag, kann für die Marinade auch eine ganze rote Zwiebel nehmen. Sie gibt dem Kartoffelsalat etwas mehr Farbe.

Tipp:

Wer keine Käseknacker mag, kann diese durch Wiener Würstchen oder Fleischwurstwürfel ersetzen.

Käseknacker-Kartoffelsalat

Zutaten: (für 6–8 Personen)

750 g fest kochende Kartoffeln
1 TL Salz
2 Stangen Lauch (ca. 280 g)
5 Radieschen
2 Käseknacker-Würstchen
⅛ l braune Instant-Soße

Für die Marinade:
2 EL Öl
2 EL Essig
2 Knoblauchzehen
Salz
Pfeffer

Zubereitung:

1. Die Kartoffeln waschen und mit 1 TL Salz etwa 20 Minuten kochen. Mit einem spitzen Küchenmesser prüfen, ob sie gar sind.

2. Den Lauch putzen, waschen und in ca. 1 cm dicke, schräge Scheiben schneiden. Etwa zwei Liter Salzwasser zum Kochen bringen und den klein geschnittenen Lauch in das kochende Wasser geben. Fünf bis sieben Minuten blanchieren. In ein Sieb schütten und gut abtropfen lassen.

3. Die Radieschen putzen, waschen und in dünne Scheiben schneiden. Die Käseknacker in etwa 1 cm dicke Scheiben schneiden.

4. Für die Marinade den Essig und das Öl verrühren, die Knoblauchzehen schälen und durch eine Knoblauchpresse in die Essig-Öl-Soße drücken, verrühren und mit Salz und Pfeffer abschmecken.

5. Die abgekühlten Kartoffeln pellen und in Scheiben schneiden. ⅛ l Wasser zum Kochen bringen, das Soßenpulver einrühren und kurz aufkochen lassen. Sofort über die geschnittenen Kartoffeln gießen und gut durchmengen. Ziehen lassen, bis die Flüssigkeit aufgesaugt ist, dabei gelegentlich umrühren.

6. Die Marinade über die Kartoffelscheiben geben und gut durchmischen. Den blanchierten Lauch, die geschnittenen Radieschen und die Käseknackerstücke unter den Kartoffelsalat heben. In einer großen Schüssel oder portionsweise auf Tellern anrichten und servieren.

Käse-Kartoffelsalat

Zutaten: (für 4–6 Personen)

800 g fest kochende Kartoffeln
1 TL Salz
⅛ l Milch
250 g Emmentaler am Stück
80 g schwarze Oliven ohne Stein

Für die Marinade:
150 g milder Naturjogurt
150 g saure Sahne (10 % Fett)
1 Zwiebel
Salz
Pfeffer
Paprikapulver

Zubereitung:

1. Die Kartoffeln waschen und mit 1 TL Salz etwa 20 Minuten kochen. Mit einem spitzen Küchenmesser prüfen, ob sie gar sind.
2. In der Zwischenzeit den Emmentaler in Würfel schneiden.
3. Die abgekühlten Kartoffeln pellen, in gut 1 cm dicke Scheiben und dann in Würfel schneiden.
4. Für die Marinade den Jogurt mit der sauren Sahne mischen und mit Salz, Pfeffer sowie Paprikapulver abschmecken. Die Zwiebel schälen, in feine Würfel schneiden und in die Salatmarinade einrühren.
5. Die Kartoffel- und die Käsewürfel in einer Schüssel mischen. Die Marinade darüber gießen und vorsichtig unterheben. Gut durchziehen lassen. Die Oliven abtropfen lassen, in Ringe schneiden und ganz zum Schluss unter den Kartoffelsalat heben.

Tipp:

Anstelle von Emmentaler kann man auch Edamer oder Gouda verwenden. Käsereste verschiedener Sorten schmecken ebenfalls gut. Schwarze Oliven gibt es bereits fertig in Scheiben geschnitten zu kaufen.

Herzhafter Kartoffelsalat

Zutaten: (für 4–6 Personen)

900 g fest kochende, kleine Kartoffeln
1 TL Salz
1 mittlere Zwiebel
2 hart gekochte Eier
125 g Fleischwurst
1 große Gewürzgurke
150 g Erbsen aus der Dose
125 g Dörrfleisch

Für die Marinade:
125 ml Fleischbrühe
Saft einer halben Zitrone
2 EL Gurkenwasser
1 EL Senf
4 EL Salatmajonäse
Salz
Pfeffer

Zubereitung:

1. Die Kartoffeln waschen und mit 1 TL Salz etwa 20 Minuten gar kochen. Abgießen, mit kaltem Wasser abschrecken, pellen und abkühlen lassen.
2. Die Zwiebel schälen und in feine Würfel schneiden. Die geschälten Eier und die Fleischwurst ebenfalls würfeln. Die Gewürzgurke längs in Scheiben und dann in Stifte schneiden.
3. Die Kartoffeln in dünne Scheiben schneiden, zusammen mit den abgetropften Erbsen, den Zwiebel-, Eier- und Fleischwurstwürfeln sowie den Gurkenstiften in einer großen Schüssel vermengen.
4. Die Fleischbrühe erhitzen und über die Salatzutaten gießen. Das Ganze kurz durchziehen lassen.
5. Dann aus dem Zitronensaft, dem Gurkenwasser, dem Senf, der Salatmajonäse, Salz und Pfeffer eine Marinade rühren, hinzufügen und alles vorsichtig unterheben. Den Salat etwa eine Stunde durchziehen lassen und anschließend gegebenenfalls noch einmal abschmecken.
6. Das Dörrfleisch in Würfel schneiden, in einer Pfanne ohne Fett knusprig ausbraten und erst kurz vor dem Servieren ohne das ausgetretene Fett unter den Kartoffelsalat mischen.

Tipp:

Anstelle der Fleischwurst können Sie natürlich eine beliebige Sorte oder auch gekochten Schinken wählen. Sie werden sehen, der Salat schmeckt immer wieder anders.

Tipp:

Mit Feldsalat serviert ist dies ein komplettes Gericht, wenn Gäste kommen. Der Kartoffelsalat kann sehr gut vorbereitet und das Geschnetzelte erst kurz vor dem Servieren untergehoben werden.

Kartoffelsalat „Stroganoff Art“

Zutaten: (für 6–8 Personen)

1000 g fest kochende Kartoffeln
1 TL Salz
500 g Tomaten
2 EL Olivenöl
500 g geschnetzeltes Schweinefleisch
Salz
Pfeffer
Paprikapulver
150 ml Instant-Rinderbouillon

Für die Marinade:
3 EL Essig
3 EL Öl
2 TL Sojasoße
2 TL Senf
Salz
Pfeffer

Zubereitung:

1. Die Kartoffeln waschen und mit 1 TL Salz etwa 20 Minuten kochen. Mit einem spitzen Küchenmesser prüfen, ob sie gar sind.
2. Die Tomaten am Blütenansatz über Kreuz mit einem scharfen Messer einritzen und mit kochendem Wasser übergießen. Wenn sich die Schale rollt, das Wasser abgießen und die Haut abziehen. Die Tomaten halbieren, die Kerne entfernen und das Fruchtfleisch würfeln.
3. Das Olivenöl in einer Pfanne erhitzen und das Geschnetzelte scharf darin anbraten. Mit Salz, Pfeffer und Paprikapulver würzen und in der Pfanne warm halten. Beachten Sie, dass das Geschnetzelte in der heißen Pfanne noch nachgart.
4. Für die Marinade den Essig, die Sojasoße, den Senf und das Öl verrühren. Mit Salz und Pfeffer abschmecken.
5. Die abgekühlten Kartoffeln pellen und in Scheiben schneiden. 150 ml Wasser zum Kochen bringen, die Rinderbouillon einrühren und kurz aufkochen lassen. Sofort über die geschnittenen Kartoffeln gießen und gut durchmengen. Ziehen lassen, bis die Flüssigkeit aufgesaugt ist, dabei gelegentlich umrühren.
6. Die Marinade über die Kartoffelscheiben geben und gut durchmischen. Die Tomatenwürfel und das Geschnetzelte über den Kartoffelsalat geben, mit einem Holzrührlöffel unterheben und sofort servieren.

Bauernkartoffelsalat

Zutaten: (für 6–8 Personen)

1000 g fest kochende Kartoffeln
1 TL Salz
2 Zwiebeln
100 ml Gurkenwasser
1 Bund Petersilie
6 kleine, grobe Bratwürste
2 EL Bratfett

Für die Marinade:
4 EL Essig
4 EL Öl
Salz
Pfeffer

Für den Krautsalat:
½ Kopf Weißkraut
1–2 TL Salz
Pfeffer
1 TL Kümmel
3 EL Essig
3 EL Öl
1 Zwiebel

Zubereitung:

1. Die Kartoffeln waschen und mit 1 TL Salz etwa 20 Minuten kochen. Mit einem spitzen Küchenmesser prüfen, ob sie gar sind.
2. In der Zwischenzeit das Weißkraut vierteln, den Strunk entfernen. Die beiden Viertel in feine Streifen schneiden und waschen. In einem großen Topf etwa 3 bis 4 l Wasser mit 1 TL Salz zum Kochen bringen. Das Kraut hineingeben und ca. 10 bis 15 Minuten garen. Das Kraut in ein Sieb geben, abtropfen und abkühlen lassen.
3. Die abgekühlten Kartoffeln pellen und in Scheiben schneiden. Die beiden Zwiebeln schälen, fein würfeln und zusammen mit dem Gurkenwasser über die geschnittenen Kartoffeln geben.
4. Für die Marinade Essig, Öl, Salz und Pfeffer verrühren, über die Kartoffelscheiben gießen und durchmischen. Gut durchziehen lassen.
5. Die Zwiebel schälen und in feine Würfel schneiden. Die Zwiebelwürfel zusammen mit dem Salz, Pfeffer, Kümmel, Essig und Öl über das abgekühlte Kraut geben und gut durchmischen.
6. Das Bratfett erhitzen und die Bratwürste darin scharf anbraten.
7. Den Kartoffelsalat mit dem Krautsalat mischen. Die Bratwürste in ca. 1 cm dicke Stücke schneiden und zusammen mit dem Bratfett über den Kartoffelsalat geben. Das Ganze gut durchmischen, auf Portionsteller aufteilen, mit der gewaschenen, trockengeschüttelten und grob gehackten Petersilie garnieren und den Kartoffelsalat sofort servieren.

Tipp:

Den Krautsalat kann man gut einen Tag vorher zubereiten, dann zieht er besser durch und der Bauernkartoffelsalat ist am nächsten Tag schneller fertig.

Sommerlicher Kartoffelsalat

Zutaten: (für 4–6 Personen)

1 000 g fest kochende Kartoffeln
1 TL Salz
1 mittlere Zwiebel
3 Tomaten
½ Salatgurke
½ Bund Petersilie

Für die Marinade:
100 ml Gemüsebrühe
1 EL Senf
2 EL Essig
3 EL Öl
Salz
Pfeffer

Zubereitung:

1. Die Kartoffeln waschen und mit 1 TL Salz etwa 20 Minuten gar kochen. Abgießen, mit kaltem Wasser abschrecken, pellen und abkühlen lassen.
2. Die Zwiebel schälen und in feine Würfel schneiden.
3. Die Tomaten am Blütenansatz über Kreuz einschneiden, mit kochendem Wasser überbrühen, die Haut abziehen und die Tomaten entkernen. Das Fruchtfleisch in Würfel schneiden.
4. Die Salatgurke schälen, längs halbieren, die Kerne mit einem Teelöffel herauskratzen und die Gurkenhälften fein hobeln.
5. Die Kartoffeln in dünne Scheiben schneiden, mit den Zwiebel- und Tomatenwürfeln und den Gurkenscheiben in einer großen Schüssel vermengen.
6. Die Gemüsebrühe erhitzen und über die Salatzutaten gießen. Das Ganze kurz durchziehen lassen.
7. Die Petersilie waschen, trockenschütteln und fein schneiden, zum Kartoffelsalat geben.
8. Essig, das Öl, den Senf, Salz und Pfeffer hinzufügen, alles gut vermischen und pikant abschmecken.

Tipp:

Den Kartoffelsalat vor dem Servieren etwa eine Stunde durchziehen lassen und anschließend gegebenenfalls noch einmal abschmecken.

Avocado-Kartoffelsalat

Zutaten: (für 6–8 Personen)

1000 g fest kochende Kartoffeln
1 TL Salz
2 reife Avocados
1 Zitrone
4 Frühlingszwiebeln
50 g geschälte Sonnenblumenkerne
6 Stängel Pimpinelle
1 große Zwiebel
2 EL Öl

Für die Marinade:
150 g Crème fraîche
1 EL Essig
1 EL Öl
1 TL Salz
Pfeffer
1 Prise Aromat

Zubereitung:

1. Die Kartoffeln waschen und mit 1 TL Salz etwa 20 Minuten kochen. Mit einem spitzen Küchenmesser prüfen, ob sie gar sind.
2. Während die Kartoffeln kochen, die Zwiebel schälen und fein würfeln. Das Öl in einer Pfanne erhitzen, die Zwiebelwürfel hinzufügen und scharf anbraten.
3. Die geschälten Kartoffeln in Scheiben schneiden. Sofort die angebratenen Zwiebelwürfel über die noch warmen Kartoffelscheiben geben und vorsichtig unterheben.
4. Die Sonnenblumenkerne in einer Pfanne ohne Fett anrösten und ebenfalls zu den Kartoffeln geben.
5. Die Avocados halbieren und den Kern entfernen. Bei reifen Avocados lässt sich die Schale leicht abziehen, bei nicht ganz so reifen Früchten die Schale mit einem Sparschäler entfernen. Die Hälften der Länge nach nochmals halbieren und in Scheiben schneiden. Die Zitrone auspressen und die Avocadoscheiben mit dem Saft vermengen.
6. Die Frühlingszwiebeln und die Pimpinelle waschen, trockenschütteln und fein schneiden. Aus Crème fraîche, Salz, Pfeffer, Aromat, Essig und Öl eine Marinade rühren, alles zu den Kartoffeln geben und vorsichtig miteinander mischen.

Tipp:

Avocados haben die richtige Reife, wenn das Fruchtfleisch auf leichten Fingerdruck nachgibt.

Partysalat

Zutaten: (für 12 Personen)

1500 g fest kochende Kartoffeln
1–2 TL Salz
1 Fenchelknolle
½ Knollensellerie
1 Staudensellerie
150 g Muskatkürbis
4 EL Olivenöl
3 kleine rote Zwiebeln
1 l Gemüsebrühe

Für die Marinade:
4 Eigelb
4 EL Senf
8 EL Essig
8 EL Öl
Salz
Pfeffer

Zubereitung:

1. Die Kartoffeln waschen und in Salzwasser etwa 25 bis 30 Minuten kochen. Mit einem spitzen Küchenmesser prüfen, ob sie gar sind.
2. Das Gemüse putzen, waschen und in kleine Würfel schneiden. Die Zwiebeln schälen und ebenfalls fein würfeln. Die Kartoffeln abgießen, abkühlen lassen, pellen und in Scheiben schneiden.
3. Das Olivenöl in einem großen Topf erhitzen und die Gemüsewürfel unter Rühren zwei bis drei Minuten anschwitzen, dann mit der Gemüsebrühe ablöschen und ca. eine Minute aufkochen lassen.
4. Das Gemüse zusammen mit dem Sud zu den Kartoffelscheiben geben und alles gut miteinander vermengen.
5. Aus Essig, Öl, Senf, den Eigelben sowie Salz und Pfeffer eine Marinade rühren und zusammen mit den Zwiebelwürfeln über den Salat geben. Alles gut vermischen und mindestens eine Stunde durchziehen lassen. Danach nochmals abschmecken.

Tipp:

Wenn Sie spontan eine Party feiern und Ihren Gästen einen solchen Salat servieren möchten, verarbeiten Sie einfach alles an Gemüse, was Sie noch zu Hause haben. Die angegebenen Mengen lassen sich gut überblicken. Gegebenenfalls nehmen Sie von einer Sorte mehr und lassen dafür eine andere weg.

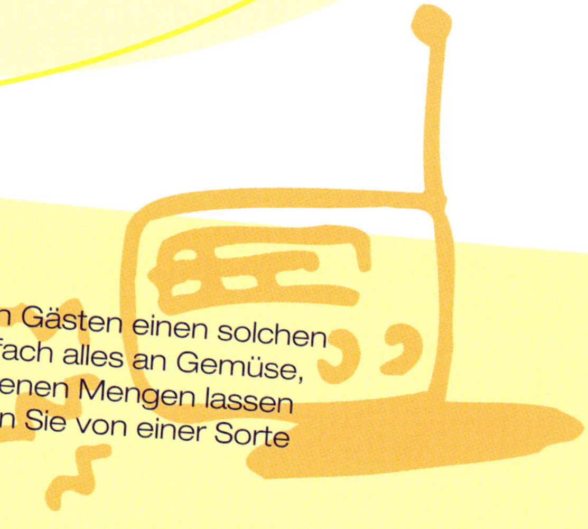

Register

Genehmigte Lizenzausgabe
EDITION XXL GmbH
Fränkisch-Crumbach 2006
www.edition-xxl.de

Layout: Sonja Sammüller
Satz: Henrik Stürzebecher
Fotos: Sonja Sammüller
Illustrationen: Ilka Renz

ISBN 3-89736-091-8